My Most Beautiful Dream

Mi sueño más bonito

A picture book in two languages

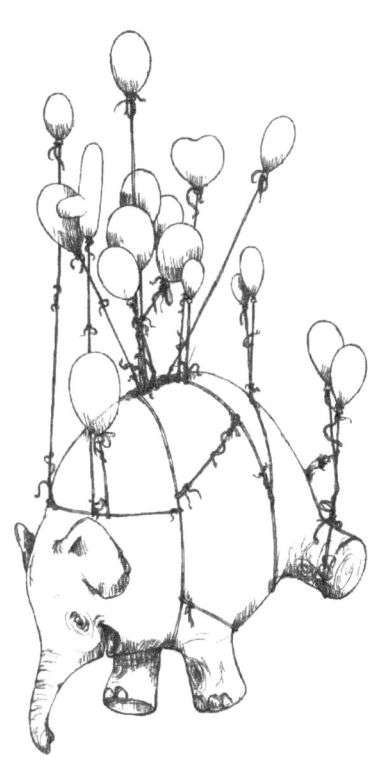

Download audiobook at:

www.sefa-bilingual.com/mp3

Password for free access:

English: **BDEN1423**

Spanish: **BDES1428**

Cornelia Haas · Ulrich Renz

My Most Beautiful Dream

Mi sueño más bonito

Bilingual children's picture book,

with audiobook for download

Translation:

Sefâ Jesse Konuk Agnew (English)

Raquel Catala (Spanish)

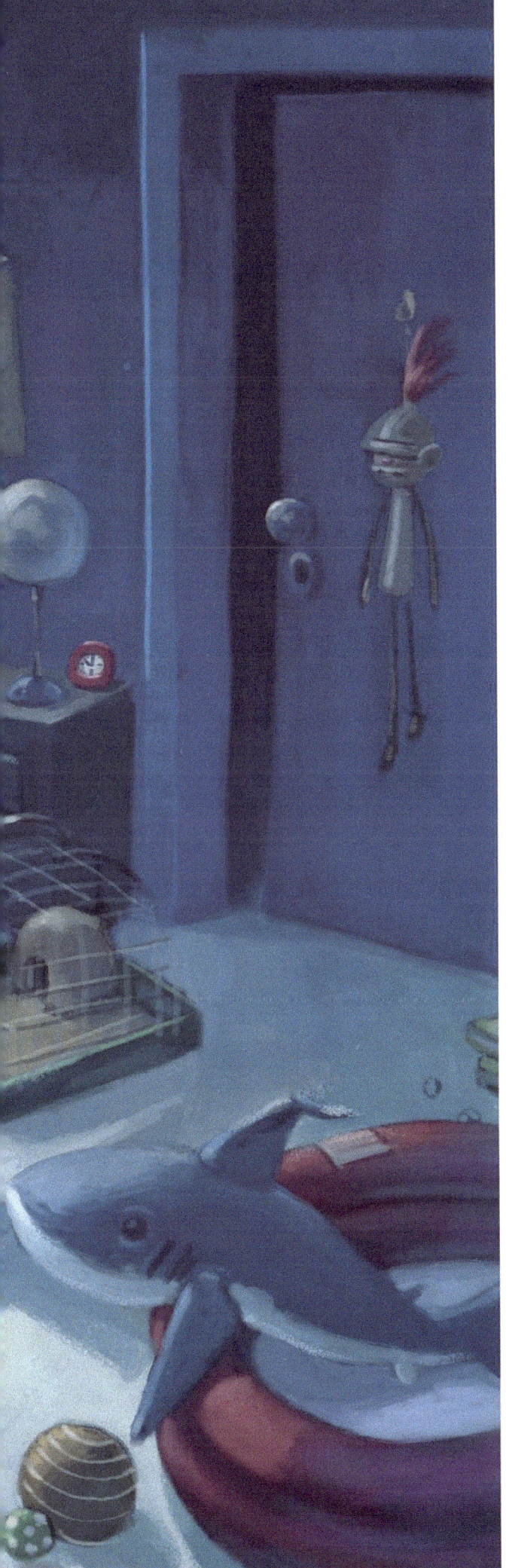

Lulu can't fall asleep. Everyone else is dreaming already – the shark, the elephant, the little mouse, the dragon, the kangaroo, the knight, the monkey, the pilot. And the lion cub. Even the bear has trouble keeping his eyes open …

Hey bear, will you take me along into your dream?

Lulu no puede dormir. Todos los demás ya están soñando – el tiburón, el elefante, el ratoncito, el dragón, el canguro, el caballero, el mono, el piloto. Y el pequeño leoncito. Al osito también se le cierran casi los ojos …

Oye osito, ¿me llevas contigo a tu sueño?

And with that, Lulu finds herself in bear dreamland. The bear catches fish in Lake Tagayumi. And Lulu wonders, who could be living up there in the trees?

When the dream is over, Lulu wants to go on another adventure. Come along, let's visit the shark! What could he be dreaming?

Y así está Lulu en el país de los sueños de los osos. El osito está pescando en el lago de Tagayumi. Y Lulu se pregunta, ¿quién vivirá arriba en los árboles?

Al terminar el sueño, Lulu quiere descubrir aún más cosas. ¡Ven con nosotros, vamos a visitar al tiburón! ¿Qué estará soñando?

The shark plays tag with the fish. Finally he's got some friends! Nobody's afraid of his sharp teeth.

When the dream is over, Lulu wants to go on another adventure. Come along, let's visit the elephant! What could he be dreaming?

El tiburón está jugando a perseguir a los peces. ¡Por fin tiene amigos! Nadie tiene miedo de sus dientes puntiagudos.

Al terminar el sueño, Lulu quiere descubrir aún más cosas. ¡Venid con nosotros, vamos a visitar al elefante! ¿Qué estará soñando?

The elephant is as light as a feather and can fly! He's about to land on the celestial meadow.

When the dream is over, Lulu wants to go on another adventure. Come along, let's visit the little mouse! What could she be dreaming?

El elefante es tan ligero como una pluma y ¡puede volar! Está a punto de aterrizar en la pradera celestial.

Al terminar el sueño, Lulu quiere descubrir aún más cosas. ¡Venid con nosotros, vamos a visitar al ratoncito! ¿Qué estará soñando?

The little mouse watches the fair. She likes the roller coaster best. When the dream is over, Lulu wants to go on another adventure. Come along, let's visit the dragon! What could she be dreaming?

El ratoncito está mirando la feria. Lo que más le gusta es la montaña rusa. Al terminar el sueño, Lulu quiere descubrir aún más cosas. ¡Venid con nosotros, vamos a visitar al dragón! ¿Qué estará soñando?

The dragon is thirsty from spitting fire. She'd like to drink up the whole lemonade lake.

When the dream is over, Lulu wants to go on another adventure. Come along, let's visit the kangaroo! What could she be dreaming?

El dragón tiene sed de tanto escupir fuego. Le gustaría beberse todo el lago de limonada.

Al terminar el sueño, Lulu quiere descubrir aún más cosas. ¡Venid con nosotros, vamos a visitar al canguro! ¿Qué estará soñando?

The kangaroo jumps around the candy factory and fills her pouch. Even more of the blue sweets! And more lollipops! And chocolate!

When the dream is over, Lulu wants to go on another adventure. Come along, let's visit the knight! What could he be dreaming?

El canguro salta por la fábrica de dulces y llena toda su bolsa. ¡Más de los caramelos azules! ¡Y más piruletas! ¡Y chocolate!

Al terminar el sueño, Lulu quiere descubrir aún más cosas. ¡Venid con nosotros, vamos a visitar al caballero! ¿Qué estará soñando?

The knight is having a cake fight with his dream princess. Oops! The whipped cream cake has gone the wrong way!

When the dream is over, Lulu wants to go on another adventure. Come along, let's visit the monkey! What could he be dreaming?

El caballero está teniendo una pelea de pasteles con la princesa de sus sueños. ¡Oh, no! ¡El pastel de crema ha ido en la dirección equivocada! Al terminar el sueño, Lulu quiere descubrir aún más cosas. ¡Venid con nosotros, vamos a visitar al mono! ¿Qué estará soñando?

Snow has finally fallen in Monkeyland. The whole barrel of monkeys is beside itself and getting up to monkey business.

When the dream is over, Lulu wants to go on another adventure. Come along, let's visit the pilot! In which dream could he have landed?

¡Por fin ha nevado en el país de los monos! Toda la banda de monos se ha vuelto loca y está haciendo tonterías.

Al terminar el sueño, Lulu quiere descubrir aún más cosas. ¡Venid con nosotros, vamos a visitar al piloto! ¿En qué sueño habrá aterrizado?

The pilot flies on and on. To the ends of the earth, and even farther, right on up to the stars. No other pilot has ever managed that.
When the dream is over, everybody is very tired and doesn't feel like going on many adventures anymore. But they'd still like to visit the lion cub.
What could she be dreaming?

Entrantes y Aperitivos

CHULETAS DE CALABAZA

TIEMPO DE PREPARACIÓN
10 Minutos

TEMPO DI COCCION
12 Minutos

PORCIONES
2 Personas

VALORES NUTRICIONALES POR RACIÓN
156 kcal
6 g carbohidratos
13 g proteínas
14 g grasa

Ingredientes

300 g de calabaza
50 g de pan rallado
1 huevo
Aceite de oliva virgen extra al gusto
Hierbas aromáticas (al gusto) al gusto
Sal fina al gusto

Procedimiento

Limpia la calabaza y córtala en rodajas no demasiado gruesas, de medio cm aproximadamente.

Bate los huevos y añade una pizca de sal. Pasa las rodajas de calabaza por los huevos y luego por el pan rallado (aromatizado con hierbas picadas al gusto).

Se puede hacer un doble gratinado pasando de nuevo la calabaza por el huevo y luego por el pan rallado.

Hornea durante unos 12 minutos a 200°, dándoles la vuelta a mitad de cocción y continuando hasta que se doren.

¡Que aproveche!

Entrantes y Aperitivos

GARBANZOS CRUJIENTES CON PIMENTÓN Y ROMERO

TIEMPO DE PREPARACIÓN
5 Minutos

TEMPO DI COCCION
8 Minutos

PORCIONES
1 Lata de garbanzos

VALORES NUTRICIONALES POR RACIÓN
586 kcal
68 g carbohidratos
29 g proteínas
17 g grasa

Ingredientes

1 lata de garbanzos en conserva (400 g)
1 ramita de romero
1 cucharadita de aceite de oliva virgen extra
Pimentón en polvo al gusto
Ajo/cebolla en polvo al gusto
Sal fina al gusto

Procedimiento

Abre los garbanzos enlatados y enjuágalos con agua corriente, luego sécalos con papel absorbente.

Sazona en un bol con pimentón en polvo, cebolla o ajo en polvo según tu preferencia, aceite de oliva, sal fina y agujas de romero.

Colócalas en la cesta de la freidora de aire y cocína durante unos 8 minutos a 200° hasta que se doren.

A mitad de la cocción, remueve rápidamente.

Los garbanzos hechos de esta manera son perfectos para disfrutar como aperitivo o como tentempié delante de una película.

¡Que aproveche!

Entrantes y Aperitivos

NUBE DE HUEVO

TIEMPO DE PREPARACIÓN
10 Minutos

TEMPO DI COCCION
10 Minutos

PORCIONES
2 Personas

VALORES NUTRICIONALES POR RACIÓN
65 kcal
0 g carbohidratos
6 g proteínas
4 g grasa

Ingredientes

2 huevos
Aceite de oliva virgen extra al gusto
Sal fina al gusto

Procedimiento

Primero separa suavemente la clara y la yema colocándolas en dos cuencos diferentes con mucho cuidado de no romper la yema.

Bate la clara con una pizca de sal. En cuanto las claras estén montadas, colócalas con la ayuda de una cuchara sobre papel de horno untado con aceite de oliva (muy importante).

Crea un cráter donde luego se colocará la yema, e introduce la clara en la freidora y cocina a 200º durante unos 5-6 minutos (debe estar cocida).

Una vez lista, sácala y añade la yema en el centro sin romperla.

A continuación, continúa la cocción durante otros 5 minutos. Si prefieres la yema totalmente cocida, introdúcela al principio y hornea una sola vez.

¡Que aproveche!

Entrantes y Aperitivos

BOCADITOS DE MOZZARELLA FRITTA

TIEMPO DE PREPARACIÓN
5 Minutos

TEMPO DI COCCION
3 Minutos

Credit foto: "Fried Cheese Balls Served With Mayo Sauce" by wuestenigel

PORCIONES
3 Personas

VALORES NUTRICIONALES POR RACIÓN
160 kcal
1 g carbohidratos
13 g proteínas
11 g grasa

Ingredientes

200 g de bolas de mozzarella
1 huevo
Hierbas aromáticas al gusto
Pan rallado al gusto
Harina al gusto
Sal fina al gusto

Procedimiento

Escurre los trozos de mozzarella y pásalos por harina poco a poco, luego por huevo batido y, por último, por una mezcla de pan rallado y hierbas picadas.

Repite la misma operación una vez más para obtener un rebozado de pan rallado supercrujiente.

A continuación, introduce los bocaditos en la freidora de aire precalentada y cocínalos durante unos 3 minutos a 180° hasta que se doren.

Sírvelos aún calientes y fibrosos.

¡Que aproveche!

Entrantes y Aperitivos

CROQUETAS DE ARROZ RELLENAS

TIEMPO DE PREPARACIÓN
25 Minutos + 25 de reposo

TEMPO DI COCCION
12 Minutos

PORCIONES
4 Raciones

VALORES NUTRICIONALES POR RACIÓN
390 kcal
40 g carbohidratos
23 g proteínas
17 g grasa

Ingredientes

200 g de arroz Carnaroli
700 ml de caldo de verduras o de carne
40 g de queso parmesano rallado
2 huevos
100 g de jamón cocido
100 g de queso Scamorza (ahumado o dulce)
Mantequilla al gusto
Pimienta negra al gusto
Sal fina al gusto
Pan rallado al gusto

Procedimiento

Primero cuece el arroz en el caldo a fuego lento, dándole vueltas de vez en cuando, durante unos 20 minutos.

En cuanto esté al dente, añade una nuez de mantequilla, queso parmesano y pimienta. A continuación, extiéndelo en una fuente de horno y deja que se enfríe.

Cuando se haya enfriado, coge un poco y haz un hoyuelo en el centro con la mano, añade el jamón y el queso scamorza en trozos pequeños y cierra añadiendo más arroz.

Dales forma de croquetas alargadas con las manos. Pásalas por huevo batido y luego por pan rallado.

Hornéalas unos 12 minutos a 200° hasta que se doren.

¡Que aproveche!

Entrantes y Aperitivos

Rollo de bacon, champiñones y queso fontina

TIEMPO DE PREPARACIÓN
10 Minutos

TEMPO DI COCCION
15 Minutos

PORCIONES
5 Personas

VALORES NUTRICIONALES POR RACIÓN
476 kcal
21 g carbohidratos
27 g proteínas
31 g grasa

Ingredientes

1 rollo de hojaldre
200 g de Speck en lonchas
200 g de queso Fontina en lonchas
500 g de champiñones variados
1 diente de ajo
1 huevo
Queso parmesano rallado al gusto
Sal fina
Perejil al gusto
Aceite de oliva virgen extra al gusto
Semillas de sésamo al gusto

Procedimiento

Si utilizas champiñones frescos, límpialos, trocéalos y cuécelos en una sartén con un diente de ajo, un poco de aceite, perejil picado y una pizca de sal.

Una vez cocidas las setas, escúrre el agua que hayan soltado. Desenrolla el hojaldre, coloca las lonchas de speck en toda la superficie, luego el queso fontina, las setas y el queso parmesano.

Dobla los bordes laterales y enrolla suavemente el hojaldre sobre sí mismo. Pincela la superficie con huevo batido y espolvorea con semillas de sésamo.

Hornea en una freidora de aire a 180° durante unos 15-20 minutos. Dependiendo del tamaño de tu freidora igual tienes que hacer dos panecillos más pequeños.

¡Que aproveche!

Entrantes y Aperitivos

Panecillos rústicos con jamón y mozzarella

TIEMPO DE PREPARACIÓN
40 Minutos

TEMPO DI COCCION
10 Minutos

PORCIONES
6 Personas

VALORES NUTRICIONALES POR RACIÓN
332 kcal
33 g carbohidratos
15 g proteínas
15 g grasa

Ingredientes

250 g de harina
125 ml de leche
1 huevo (pequeño)
40 ml agua
30 ml aceite de semillas
15 g azúcar
3 g de levadura de cerveza seca
150 g de jamón cocido
150 g de mozzarella
1 yema
Sal fina al gusto

Procedimiento

Verte la leche y el huevo entero en un bol, remueve, añade una pizca de sal, el agua, el aceite de semillas, la levadura en polvo, el azúcar y mezcla.

Añade la harina tamizada poco a poco y mézclalo todo.

Engrasa ligeramente la masa con aceite, colócala en un bol, tápala y déjala elevar durante media hora.

Divide la masa en dos para que sea más fácil trabajarla y extenderla con un rodillo, rellena la masa colocando lonchas de jamón cocido y mozzarella, ciérrala enrollándola y corta en rollos.

Con una brocha de cocina, pincela la superficie con yema de huevo y hornéalos durante 10 minutos a 160°.

¡Que aproveche!

Entrantes y Aperitivos

TOMATES RELLENOS DE HUEVO

TIEMPO DE PREPARACIÓN
5 Minutos

TEMPO DI COCCION
18 Minutos

PORCIONES
2 Personas

VALORES NUTRICIONALES POR RACIÓN
139 kcal
2 g carbohidratos
13 g proteínas
9 g grasa

Ingredientes

4 tomates coperos
4 huevos
Ajo en polvo al gusto
Orégano al gusto
Sal fina al gusto

Procedimiento

Lava bien los tomates y ábrelos, cortándoles el capuchón (lo necesitarás más tarde), adaptándolos al relleno.

Vacíalos de su interior y déjalos escurrir boca abajo.

Abre un huevo dentro de cada tomate y sazónalo con ajo en polvo, sal y orégano.

Ahora cierra los tomates, colocando de nuevo la tapa.

Hornéalos durante 10 minutos a 180° y luego retira la tapa y cuécelos otros 8 minutos más o menos.

¡Que aproveche!

Entrantes y Aperitivos

Hojaldre de espinacas y ricotta

TIEMPO DE PREPARACIÓN
15 Minutos

TEMPO DI COCCION
12 Minutos

PORCIONES
1 Panecillos

VALORES NUTRICIONALES TOTALES
1430 kcal
90 g carbohidratos
47 g proteínas
93 g grasa

Ingredientes

1 rollo de hojaldre
125 g de espinacas cocidas (aprox. 250 g crudas)
125 g de queso ricotta de vaca
3 cucharadas de queso parmesano rallado
1 huevo
1 Yema
1 cucharada de leche
Semillas de sésamo (o de amapola) al gusto
Sal al gusto

Procedimiento

Primero prepara el relleno: hierve las espinacas y pícalas, ponlas en un bol y añade la ricotta, el parmesano, una pizca de sal y el huevo entero. Mezcla bien para amalgamar todos los ingredientes, tapa y deja reposar 10 minutos en la nevera.

A continuación desenrolla el hojaldre, coloca el relleno a lo largo del hojaldre y enróllalo con cuidado utilizando la cantidad de hojaldre necesaria hasta que cada rollo se cierre como un canelón.

Haz tantos rollitos como necesites hasta que se acaben los ingredientes.
Bate una yema de huevo con una cucharada de leche y pincela la superficie del rollo, luego espolvoréalo con semillas de amapola o de sésamo.

Hornéa durante unos 12 minutos a 200°, comprobando el tiempo de cocción de vez en cuando.

¡Que aproveche!

Platos Principales

Pizzas de berenjena

TIEMPO DE PREPARACIÓN
15 Minutos

TEMPO DI COCCION
17 Minutos

PORCIONES
3 Personas

VALORES NUTRICIONALES POR RACIÓN
119 kcal
3 g carbohidratos
8 g proteínas
7 g grasa

Ingredientes

1 berenjena
100 g de mozzarella
Puré de tomate al gusto
Aceite de oliva virgen extra al gusto
Sal fina al gusto
Albahaca fresca al gusto

También necesitarás
1 brocheta de madera o acero

Procedimiento

Lava la berenjena y quítale los extremos.

Córtalas en rodajas de medio centímetro de grosor, engráselas y sálalas ligeramente. Luego ensártalas en brochetas, dejando espacio entre cada rodaja.

Hornea durante unos 12 minutos a 180°.

En cuanto estén cocidas, forra la cesta de la freidora de aire con papel de horno, coloca encima las rodajas de berenjena cocidas y sazona con puré de tomate, unos dados de mozzarella y una hoja de albahaca.

Hornea otros 5 minutos a 200°.

Disfruta de la pizzette de berenjena, perfecta para un aperitivo ligero y sabroso.

¡Que aproveche!

Platos Principales

Tiras de pollo con copos de maíz

TIEMPO DE PREPARACIÓN
10 Minutos

TEMPO DI COCCION
12 Minutos

PORCIONES
3 Personas

VALORES NUTRICIONALES POR RACIÓN
220 kcal
14 g carbohidratos
26 g proteínas
6 g grasa

Ingredientes

300 g de pechuga de pollo
2 huevos
50 g copos de maíz
Aceite de oliva virgen extra al gusto
Sal fina al gusto

Procedimiento

Corta el pollo en tiras de unos 5 cm y pásalas por el huevo batido y ligeramente salado.

Luego rebózalo en los copos de maíz, asegurándote de cubrirlos todos.

Engrasa ligeramente la freidora y coloca encima las tiras sin solaparlas demasiado.

Rocía las tiras con unas gotas de aceite en spray y cocínalas durante unos 12 minutos a 200°.

Los tiempos pueden variar dependiendo del grosor del pollo y del modelo de la freidora de aire, así que vigila el tiempo de cocción.

¡Que aproveche!

Platos Principales

MEDIA LUNA DE CARNE RELLENA

TIEMPO DE PREPARACIÓN
12 Minutos

TEMPO DI COCCION
15 Minutos

PORCIONES
2 Personas

VALORES NUTRICIONALES POR RACIÓN
325 kcal
1 g carbohidratos
33 g proteínas
27 g grasa

Ingredientes

200 g de carne picada (ternera)
2 huevos
2 lonchas de jamón cocido
2 lonchas de queso
Pan rallado al gusto
Sal fina al gusto
Aceite de oliva virgen extra al gusto

Procedimiento

Mezcla la carne con 1 huevo y una pizca de sal. Si está demasiado blanda, ajusta con pan rallado.

A continuación, divide la masa en 2 partes iguales y forma bolas redondas.

Estíralas con un rodillo hasta que tengan forma de disco. Rellena el centro con una loncha de queso y otra de jamón.

A continuación, ciérralas suavemente en forma de media luna, teniendo cuidado de sellar bien los bordes.

Pásalas primero por pan rallado, luego por huevo batido y de nuevo por pan rallado, obteniendo un rebozado supercrujiente.

Coloca las medias lunas en la cesta y rocíalas con aceite de oliva utilizando un pulverizador o aceite en spray.

Hornea durante unos 15 minutos a 180°, dándoles la vuelta a mitad de la cocción.

¡Que aproveche!

Platos Principales

LASAÑA DE CALABAZA Y SALCHICHA

TIEMPO DE PREPARACIÓN
15 Minutos

TEMPO DI COCCION
15 Minutos

PORCIONES
6 Personas

VALORES NUTRICIONALES POR RACIÓN
173 kcal
16 g carbohidratos
4 g proteínas
8 g grasa

Ingredientes

200 g de calabaza
100 g de salchicha (o pesto de salchicha)
1/2 litro de leche
30 g de mantequilla
30 g de harina
Parmesano Reggiano rallado al gusto
Nuez moscada al gusto
Sal al gusto

Procedimiento

Limpia la calabaza y haz rodajas finas con una mandolina, luego prepara la bechamel.

Hierve la leche con la nuez moscada rallada y una pizca de sal. Derrite la mantequilla y la harina por separado, removiendo con un batidor hasta que la mezcla adquiera un color ámbar y esté espesa.

En cuanto hierva la leche, añade la mezcla de harina y mantequilla y sigue removiendo a fuego lento, dejándola hervir hasta que espese.

Para formar la lasaña primero engrasa los moldes y reparte una cucharada de bechamel, luego una rodaja de calabaza y después la salchicha cortada a mano.

Terminar echando la salsa bechamel y un puñado de queso parmesano.
Hornea a 180° durante unos 15 minutos, asegurándote de que la calabaza y la salchicha estén bien cocidas. Si es necesario, prolonga el tiempo de cocción.

¡Que aproveche!

Platos Principales

Flanes de patata, jamón y queso scamorza

TIEMPO DE PREPARACIÓN
20 Minutos

TEMPO DI COCCION
15 Minutos

PORCIONES
6 Flanes

VALORES NUTRICIONALES POR ALBÓNDIGA
297 kcal
15 g carbohidratos
16 g proteínas
12 g grasa

Ingredientes

500 g de patatas
100 g de queso parmesano rallado
100 g de jamón cocido en lonchas
100 g de queso Scamorza (normal o ahumado)
1 huevo
1 ramita de perejil
Sal fina al gusto
Nuez moscada al gusto

Procedimiento

Pela las patatas y cuécelas en agua hirviendo con sal.

Una vez listas, machácalas con un tenedor o con un pasapurés.

Mézclalas con el perejil picado, el queso parmesano, la nuez moscada, el huevo, el jamón y el queso scamorza cortado en dados.

Unta los ramequines con mantequilla y coloca la mezcla dentro, cúbrelos con un puñado de queso parmesano y colócalos en el cestillo.

Hornea durante 15 minutos a 180° hasta que estén dorados.

¡Que aproveche!

Platos Principales

Berenjenas en acordeon con tomate, queso y jamón

TIEMPO DE PREPARACIÓN
7 Minutos

TEMPO DI COCCION
15 Minutos

PORCIONES
4 Personas

VALORES NUTRICIONALES POR RACIÓN
437 kcal
5 g carbohidratos
35 g proteínas
30 g grasa

Ingredientes

4 berenjenas largas
300 g de Scamorza (u otro queso)
6 tomates (tipo auburn)
300 g de jamón cocido
Orégano al gusto
Sal fina al gusto
Aceite de oliva virgen extra al gusto

<u>Nota:</u>
Necesitarás pinchos de madera o acero.

Procedimiento

Lava bien las berenjenas y quítales los tallos. Con un palillo largo, ensártalas a lo largo, a 1 cm del lado donde lo has colocado (este procedimiento evitará que al cortar las rodajas con un cuchillo llegues al otro extremo y cortes toda la rodaja).

A continuación, corta las berenjenas en rodajas de no más de 1 cm de grosor, de lo contrario tardarán demasiado en cocinarse. Sazona cada rodaja con unas gotas de aceite, orégano y una pizca de sal.

A continuación, rellena añadiendo una loncha de jamón, una de scamorza y una de tomate hasta rellenar todas las hendiduras.

Engrasa la cesta de la freidora de aire y coloca las berenjenas en ella durante 15 minutos a 180°. Después sube la temperatura a 200° y déjala otros 5 minutos.

¡Que aproveche!

Platos Principales

Dados de queso feta al estilo mediterráneo

TIEMPO DE PREPARACIÓN
5 Minutos

TEMPO DI COCCION
10 Minutos

PORCIONES
3 Personas

VALORES NUTRICIONALES POR RACIÓN
287 kcal
3 g carbohidratos
13 g proteínas
25 g grasa

Ingredientes

250 g de queso feta
12 tomates cherry
12 aceitunas negras sin hueso
2 cucharaditas de aceite de oliva virgen extra
Sal fina al gusto
Orégano al gusto

Procedimiento

Corta el queso feta en dados de unos 2 centímetros de grosor y colócalos en un bol.

Lava y corta los tomates cherry en 4 y añádelos al feta junto con las aceitunas y el orégano.

Condimenta con 2 cucharaditas de aceite, una pizca de sal fina y una pizca de orégano.

Mezcla todo y colócalo en la cesta cubierta con papel de horno.

Hornea a 200° durante unos 10 minutos, removiendo a mitad de cocción.

Si lo deseas, puede añadir cebolla y pepino crudos cortados en rodajas finas.

¡Que aproveche!

Platos Principales

Chuletas con salsa barbacoa

TIEMPO DE PREPARACIÓN
5 Minutos

PORCIONES
3 Personas

VALORES NUTRICIONALES POR RACIÓN
334 kcal
2 g carbohidratos
35 g proteínas
17 g grasa

TEMPO DI COCCION
12 Minutos

Ingredientes

3 chuletas de cerdo
Sal fina al gusto
Salsa barbacoa
Aceite de oliva virgen extra al gusto

Procedimiento

Saca las chuletas de la nevera 20 minutos antes de cocinarlas.
Sazónalas con un poco de aceite de oliva, una pizca de sal y pincélalas con salsa barbacoa por ambos lados.

A continuación, colócalas en la cesta de la freidora de aire precalentada a 180° y cocina durante unos 10 minutos, dándoles la vuelta a mitad de cocción.
Disfruta de tus chuletas con salsa barbacoa súper sabrosas y sabrosas.

Recuerde que el tiempo de cocción pucdc variar cn función del grosor de la carne, así que prolonga el tiempo de cocción unos minutos más si es necesario.

¡Que aproveche!

Platos Principales

Chuletas rellenas de jamón cocido y queso

TIEMPO DE PREPARACIÓN
10 Minutos

TEMPO DI COCCION
15 Minutos

PORCIONES
3 Personas

VALORES NUTRICIONALES POR RACIÓN
276 kcal
0 g carbohidratos
34 g proteínas
15 g grasa

Ingredientes

6 lonchas Pechuga de pollo
1 huevo
Pan rallado al gusto
Hierbas aromáticas al gusto
Queso parmesano rallado al gusto
Aceite de oliva virgen extra al gusto
Sal fina al gusto

Para el relleno
6 lonchas de jamón cocido
6 lonchas de queso

Procedimiento

Prepara el pan rallado mezclándolo con el queso parmesano rallado y tus hierbas favoritas (perejil, romero, etc.).

A continuación, pasa las rodajas de pollo por el huevo batido y luego por el pan rallado, haciendo que este se adhiera bien. Engrasa la cesta con aceite de oliva y coloca en ella las chuletas sin superponerlas. Cocínalas a 200° durante unos 5 minutos por cada lado.

Una vez cocidas, sácalas de la freidora, colócalas sobre una superficie de trabajo y rellénalas con jamón cocido y el queso de tu elección, ciérralas en forma de media luna y luego con un palillo.

Coloca el papel de horno para que no gotee el queso y hornea unos minutos más hasta que el queso se funda. Disfruta de las super sabrosas y fibrosas chuletas rellenas.

¡Que aproveche!

Platos Principales

Hamburguesa de Portobello champiñones

TIEMPO DE PREPARACIÓN
5 Minutos

TEMPO DI COCCION
25 Minutos

PORCIONES
1 Hamburguesa

VALORES NUTRICIONALES POR RACIÓN
270 kcal
6 g carbohidratos
21 g proteínas
16 g grasa

Credit foto: "Mushrooms" by quinn.anya is licensed under

Ingredientes

2 champiñones Portobello
1/2 berenjena
1 Tomate
75 g de mozzarella
Aceite de oliva virgen extra al gusto
Albahaca fresca al gusto
Sal fina al gusto

Nota:
Necesitarás una brocheta de madera o acero

Procedimiento

Corta la berenjena en rodajas de 1 cm, úntalas con un poco de aceite y pínchalas con una brocheta de madera dejando espacio entre cada rodaja. Después cocínalas en la freidora durante unos 12 minutos a 180°.

Mientras tanto, limpia los champiñones y en cuanto termine la freidora, cocínalos durante unos 15 minutos a 200°.

Una vez cocidos los champiñones y las berenjenas, solo queda montar la hamburguesa.

Empieza con una primera capa de champiñón y continúa al gusto con rodajas de mozzarella, tomate, berenjena y albahaca.

La última capa debe ser el otro champiñón portobello. Sirve las sabrosas hamburguesas de portobello aún calientes.

¡Que aproveche!

Platos Principales

Gallo asado en freidora de aire

TIEMPO DE PREPARACIÓN
5 Minutos

TEMPO DI COCCION
25 Minutos

PORCIONES
2 Personas

VALORES NUTRICIONALES POR RACIÓN
360 kcal
0 g carbohidratos
55 g proteínas
10 g grasa

Ingredientes

1 gallo de 500 g
1 ramita de romero
Sal fina al gusto
Pimentón dulce (o ahumado) al gusto
Ajo en polvo al gusto
Especias y hierbas al gusto

Procedimiento

Saca el gallo del frigorífico al menos 15 minutos antes. Colócalos en un bol y sazónalos con las manos con sal, aceite, pimentón, romero y tus especias y hierbas favoritas.

Precalienta la freidora de aire y cocínalo a 200° (o 230° si la tuya lo permite) durante unos 25 minutos, dándole la vuelta al gallo a mitad de la cocción.

Si es necesario, prolonga el tiempo de cocción hasta que esté hecho. Dependiendo del modelo de freidora, los tiempos de cocción pueden variar.

Disfruta del súper sabroso y tierno gallo asado con una buena guarnición.

¡Que aproveche!

Platos Principales

PIMIENTOS RELLENOS DE CARNE PICADA

TIEMPO DE PREPARACIÓN
10 Minutos

TEMPO DI COCCION
12 Minutos

PORCIONES
2 Personas

VALORES NUTRICIONALES POR RACIÓN
253 kcal
12 g carbohidratos
22 g proteínas
17 g grasa

Ingredientes

1 pimiento amarillo
1 pimiento rojo
150 g de carne picada
2 cucharadas de queso parmesano rallado
1 huevo
Sal fina al gusto
Aceite de oliva virgen extra al gusto
Perejil al gusto
Pan rallado al gusto

Procedimiento

Lava los pimientos y córtalos por la mitad a lo largo, límpialos y quita las semillas.

En un bol, añade la carne picada, el perejil picado, la sal, el queso parmesano y el huevo. Mezcla bien todos los ingredientes.

Introduce el relleno en los pimientos y cúbrelos con un poco de pan rallado y aceite de oliva en la superficie. Colócalos en la freidora de aire y cocínalos durante unos 12-15 minutos a 180°, hasta que estén completamente gratinados.

Disfruta de tus pimientos rellenos recién horneados super sabrosos y crujientes.

¡Que aproveche!

Platos Principales de pescado

GAMBAS FRITAS CON SAL Y PIMIENTA

TIEMPO DE PREPARACIÓN
5 Minutos

TEMPO DI COCCION
10 Minutos

PORCIONES
3 Personas

VALORES NUTRICIONALES POR RACIÓN
40 kcal
3 g carbohidratos
5 g proteínas
1 g grasa

Ingredientes

200 g de gambas (ya limpias)
15 g de harina
Sal fina al gusto
Pimienta negra al gusto

Procedimiento

Descongela y enjuaga las gambas y sécalas con papel absorbente.
Pásalas poco a poco por harina y tamiza para eliminar el exceso de harina. Continúa hasta que todas las gambas estén rebozadas en harina.

A continuación, colócalas en la cesta de una freidora de aire precalentada y cocínalas durante unos 5 minutos a 200°, dándoles la vuelta suavemente a mitad de cocción.

Una vez listas, salpimiéntalas generosamente y sírvelas aún calientes y crujientes.
Si lo prefieres, puedes acompañarlas con una rodaja de limón.

¡Que aproveche!

Platos Principales de pescado

BOCADITOS DE PEZ ESPADA GRATINADOS

TIEMPO DE PREPARACIÓN
5 Minutos

TEMPO DI COCCION
12 Minutos

PORCIONES
2 Personas

VALORES NUTRICIONALES POR RACIÓN
373 kcal
23 g carbohidratos
37 g proteínas
14 g grasa

Ingredientes

400 g de pez espada
50 g de pan rallado
8-10 tomates cherry
2 cucharaditas de aceite de oliva virgen extra
1 ramita de perejil
Aceitunas negras al gusto
Semillas de sésamo al gusto
Sal fina al gusto

Procedimiento

Empieza cortando el pez espada en trozos del tamaño de un bocado. Lava y corta los tomates cherry por la mitad y colócalos junto con el pez espada y las aceitunas negras en un bol grande.

Condimenta con 2 cucharaditas de aceite evo, un poco de sal, un poco de perejil picado, las semillas de sésamo y, por último, el pan rallado. Mezcla hasta que todos los ingredientes estén bien integrados.

Forra la cesta de la freidora con papel de hornear y coloca todo dentro, procurando que no se superponga demasiado.

Hornea durante unos 10 minutos a 200° hasta que esté bien cocido, removiendo suavemente a mitad de cocción.

¡Que aproveche!

Platos Principales de pescado

SALMÓN CON COSTRA DE PISTACHOS

TIEMPO DE PREPARACIÓN
5 Minutos

TEMPO DI COCCION
13 Minutos

PORCIONES
3 Personas

VALORES NUTRICIONALES POR RACIÓN
363 kcal
3 g carbohidratos
30 g proteínas
25 g grasa

Ingredientes

3 lonchas de salmón (unos 150 g por loncha)
Granos de pistacho al gusto
Sal fina al gusto
Aceite de oliva virgen extra al gusto
Pimienta negra al gusto

Procedimiento

En una superficie de trabajo, aliña las rodajas de salmón con aceite, sal y pimienta, teniendo cuidado de sazonar bien todos los lados.

A continuación, coloca los pistachos en un bol y revuelve los trozos de salmón uno a uno, cubriendo los tres lados con los frutos secos, dejando la piel libre.

Coloca el salmón directamente en la cesta de la freidora de aire sin superponerlos.

Rocía unas gotas de aceite con un pulverizador. 3-4 pulverizaciones en cada loncha son suficientes.

Pon en marcha la freidora de aire y cocina durante 11 minutos a 160°. Después sube la temperatura a 180° y cocina durante 2 minutos más para que la costra de pistacho esté perfectamente dorada.

¡Que aproveche!

Platos Principales de pescado

BROCHETAS DE SALMÓN CALABACÍN Y TOMATES CHERRY

TIEMPO DE PREPARACIÓN
12 Minutos

TEMPO DI COCCION
25 Minutos

PORCIONES
2 Personas

VALORES NUTRICIONALES POR RACIÓN
376 kcal
3 g carbohidratos
39 g proteínas
24 g grasa

Ingredientes

400 g de salmón fresco
1 calabacín
al gusto tomates cherry
4 cucharadas de salsa de soja (opcional)
Semillas de sésamo al gusto
Perejil al gusto
Aceite de oliva virgen extra al gusto
Sal fina al gusto

Nota:
Necesitarás pinchos de madera o acero

Procedimiento

Corta el salmón en dados de unos 3 cm y déjalo marinar en la nevera con una mezcla de salsa de soja, aceite, sal, semillas de sésamo y perejil picado.

Cuanto más tiempo esté en la nevera, más sabor absorberá el salmón.

Mientras tanto, lava los tomates y los calabacines y corta estos últimos en rodajas, también de unos 2-3 cm de grosor.

A continuación, ensarta los calabacines, los tomates y el salmón alternativamente con brochetas de madera.

Hornea a 180° durante unos 15 minutos.

¡Que aproveche!

Platos Principales de pescado

BROCHETAS DE PEZ ESPADA Y CALABACÍN

TIEMPO DE PREPARACIÓN
10 Minutos

TEMPO DI COCCION
15 Minutos

PORCIONES
2 Personas

VALORES NUTRICIONALES POR RACIÓN
127 kcal
2 g carbohidratos
17 g proteínas
4 g grasa

Credit foto: "swordfish & zucchini on rosemary skewers" by jules:stonesoup

Ingredientes

200 g de pez espada
1 calabacín
Zumo de limón al gusto
Aceite de oliva virgen extra al gusto
Perejil al gusto
1 diente de ajo (o en polvo)
Sal fina al gusto

<u>Nota:</u>
Necesitarás pinchos de madera o acero

Procedimiento

Retira la piel del pez espada y córtalo en dados de unos 2-3 cm. Corta los calabacines con una mandolina o cortafiambres lo más finos posible (estos deben enrollarse sin romperse).

Sazona el pez espada con zumo de limón, aceite de oliva, ajo picado (o en polvo), perejil picado y una pizca de sal.

Ensarta el pez espada y los calabacines alternativamente.

Hornea las brochetas a 180° durante unos 15-20 minutos, dándoles la vuelta a mitad de cocción.

Vigila el tiempo de cocción, ya que este depende del tamaño del pez espada y de la potencia de la freidora de aire.

¡Que aproveche!

Platos Principales de pescado

CROQUETAS DE CALABACÍN Y PATATA RELLENAS DE ATÚN

TIEMPO DE PREPARACIÓN
15 Minutos

TEMPO DI COCCION
20 Minutos

PORCIONES
15 Croquetas aprox.

VALORES NUTRICIONALES POR CROQUETA
117 kcal
14 g carbohidratos
8 g proteínas
3 g grasa

Ingredientes

4 patatas medianas
3 calabacines
75 g de pan rallado
120 g de harina
2 huevos
30 g de parmesano
75 g de queso
180 g atún
Sal fina al gusto
Aceite de oliva al gusto
Pimienta negra al gusto
Hierbas aromáticas al gusto

Procedimiento

Lava los calabacines, corta los extremos con un cuchillo y pícalos en una batidora de cuchillas. A continuación, colócalos en un bol grande. Pela las patatas y, al igual que con los calabacines, pícalas con la batidora.

A continuación, mezcla las patatas y los calabacines en el bol. Escurre bien si tienen agua y añade el atún al bol. Sazona con sal, pimienta y hierbas. Mezcla bien y añade el queso parmesano, los huevos y, por último, la harina y el pan rallado poco a poco. Debes obtener una mezcla suave, pero no demasiado.

Pon un poco de la mezcla en la palma de la mano para formar croquetas, coloca una tira de queso en el centro y ciérralas bien. A continuación, pásalas por pan rallado.

Coloca las croquetas directamente en la cesta sin papel de horno. Rocíalas con aceite de oliva, enciende la freidora y cocínalas durante unos 8 minutos a 200° C, dándoles la vuelta a mitad de cocción.
¡Que aproveche!

Platos Principales de pescado

LUBINA AL HORNO

TIEMPO DE PREPARACIÓN
5 Minutos

TEMPO DI COCCION
20 Minutos

PORCIONES
2 Personas

VALORES NUTRICIONALES POR RACIÓN
133 kcal
3 g carbohidratos
15 g proteínas
12 g grasa

Ingredientes

2 filetes de lubina
4 tomates cherry
8 aceitunas negras sin hueso
Sal fina al gusto
Aceite de oliva al gusto

Procedimiento

Coloca los filetes sobre abundante papel de aluminio, aliña la lubina con aceite, sal, tomates cherry cortados en 4 y aceitunas negras.

Cierra el papel de aluminio formando una lámina y colócalo en la cesta de aire precalentado.

Ponlo en la freidora de aire durante unos 20-25 minutos a 170°.

Sirve los filetes abriendo el papel de aluminio y disfruta de una lubina deliciosa y super tierna.

Los tiempos de cocción varían según el tamaño de los filetes y el modelo de la freidora de aire.

¡Que aproveche!

Platos Principales de pescado

BACALAO EMPANADO Y FRITO

TIEMPO DE PREPARACIÓN
10 Minutos

TEMPO DI COCCION
10 Minutos

PORCIONES
3 Personas

VALORES NUTRICIONALES POR RACIÓN
170 kcal
15 g carbohidratos
21 g proteínas
3 g grasa

Ingredientes

3 corazones de bacalao
3 cucharadas de harina
3 cucharadas de pan rallado
1 huevo
Aceite de oliva virgen extra al gusto
Sal fina al gusto

Procedimiento

Descongela los corazones de bacalao y sécalos con papel absorbente.

Pásalos primero por harina, luego por huevo batido y, por último, por pan rallado. Obtendrás un empanado supercrujiente.

Coloca los corazones de bacalao empanados en la cesta y rocíalos con aceite de oliva.

Hornea durante unos 10 minutos a 180°, dándoles la vuelta a la mitad.

Si es necesario, prolonga el tiempo de cocción hasta que estén bien cocidos.

Añade una pizca de sal y sirve con patatas fritas.

¡Que aproveche!

Platos Principales de pescado

Sepia gratinada con limón

TIEMPO DE PREPARACIÓN
10 Minutos

TEMPO DI COCCION
12 Minutos

Credit foto: "#dinner seppie ripieni" by judywitts

PORCIONES
3 Personas

VALORES NUTRICIONALES POR RACIÓN
150 kcal
2 g carbohidratos
15 g proteínas
10 g grasa

Ingredientes

300 g de sepia
3 cucharaditas de aceite de oliva virgen extra
Pan rallado al gusto
Sal fina al gusto
Perejil al gusto
Cáscara y zumo de 2 limones

Procedimiento

Lava y limpia las sepias bajo el grifo y sécalas con papel absorbente.

Prepara el pan rallado con limón en un bol.
Añade el pan rallado, la ralladura y el zumo de 2 limones, el perejil picado y el aceite de oliva.

Añade el pan rallado aromatizado a la sepia. Remueve hasta que todos los condimentos estén bien mezclados.

Engrasa ligeramente la cesta con aceite y coloca la sepia.

Hornea durante unos 12-15 minutos a 180°, removiendo suavemente a mitad de cocción.

Si es necesario, prolonga el tiempo de cocción unos minutos más.

¡Que aproveche!

Platos Principales de pescado

ALBÓNDIGAS DE ATÚN

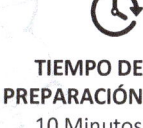
TIEMPO DE PREPARACIÓN
10 Minutos

TEMPO DI COCCION
20 Minutos

PORCIONES
3 Personas

VALORES NUTRICIONALES POR RACIÓN
350 kcal
2 g carbohidratos
35 g proteínas
22 g grasa

Ingredientes

360 g de atún en aceite (o en agua)
200 g de queso Philadelphia
30 g de queso parmesano
2 huevos
1 ramita de perejil
Pan rallado al gusto

Procedimiento

Mezcla el atún escurrido y el queso philadelphia en un bol, después añade los huevos, el perejil picado, el queso parmesano y el pan rallado.

Mezcla hasta que quede homogéneo.

Si es necesario añade más pan rallado.

Forma las albóndigas con las manos y pásalas por el pan rallado.

Hornea durante unos 20 minutos a 200° C hasta que estén doradas.

Que aproveche.

Valores nutricionales

Platos Principales de pescado

NUGGETS DE BACALAO FRITO

TIEMPO DE PREPARACIÓN
10 Minutos

TEMPO DI COCCION
12 Minutos

PORCIONES
3 Personas

VALORES NUTRICIONALES POR RACIÓN
72 kcal
2 g carbohidratos
14 g proteínas
1 g grasa

Ingredientes

250 g de bacalao
1 ramita de perejil
Leche al gusto
Pan rallado al gusto
Aceite de oliva virgen extra al gusto

Procedimiento

Primero enjuaga el bacalao bajo el agua y quítale la piel con un cuchillo o si puedes, arráncala.

Córtalo en trozos y sumérgelo primero en la leche y luego en la mezcla de pan rallado y perejil picado.

Continúa hasta completar el bacalao.

Colócalo en la cesta y rocía con unas gotas de aceite.

Hornea durante unos 12 minutos a 200° hasta que esté dorado, teniendo cuidado de darle la vuelta a mitad de cocción.

¡Que aproveche!

Guarnición de Verduras

PASTEL DE ESPINACAS Y PATATAS

TIEMPO DE PREPARACIÓN
10 Minutos

TEMPO DI COCCION
15 Minutos

PORCIONES
4 Personas

VALORES NUTRICIONALES POR RACIÓN
83 kcal
10 g carbohidratos
6 g proteínas
2 g grasa

Ingredientes

200 g de espinacas cocidas
200 g de patatas cocidas
1 huevo
Queso parmesano rallado al gusto
Nuez moscada al gusto
Pimienta negra al gusto
Sal fina al gusto

Procedimiento

Tritura las patatas con un pasapurés, pica las espinacas con un cuchillo o una batidora, mezcla en un cuenco y, a continuación, añade el huevo, una pizca de sal y una ralladura de pimienta, un puñado de queso parmesano y la nuez moscada.

Mezcla bien todos los ingredientes y, a continuación, pásalos a un molde de aluminio ligeramente engrasado.

Colócalo plano y espolvorea la superficie con queso parmesano rallado.

Hornea la tarta durante 15 minutos a 200° hasta que esté dorada.

¡Que aproveche!

Guarnición de Verduras

Calabaza Frita

TIEMPO DE PREPARACIÓN
5 Minutos

TEMPO DI COCCION
8 Minutos

PORCIONES
3 Personas

VALORES NUTRICIONALES POR RACIÓN
48 kcal
4 g carbohidratos
1 g proteínas
3 g grasa

Ingredientes

300 g de calabaza
2 cucharaditas de aceite de oliva virgen extra
Hierbas aromáticas al gusto
Sal fina al gusto

Procedimiento

En primer lugar, limpia la calabaza quitándole la piel exterior y, a continuación, corta rodajas finas con una mandolina de unos 2 milímetros de grosor.

Engrasa la cesta de la freidora y coloca las rodajas de calabaza en la cesta de la freidora de aire.

Rocía las rodajas de calabaza con el pulverizador o úntalas con un poco de aceite utilizando un pincel de cocina. Sazónalas con una pizca de sal y hierbas al gusto.

Enciende la freidora de aire y cocína durante 4 minutos a 200°. Dales la vuelta y rocíalos con más aceite.

Continúa la cocción durante otros 4 minutos hasta que estén blandas.

¡Que aproveche!

Guarnición de Verduras

ALBÓNDIGAS DE COLIFLOR

TIEMPO DE PREPARACIÓN
10 Minutos

TEMPO DI COCCION
15 Minutos

PORCIONES
3 Personas

VALORES NUTRICIONALES POR RACIÓN
148 kcal
7 g carbohidratos
12 g proteínas
8 g grasa

Ingredientes

200 g de coliflor hervida
6 aceitunas negras sin hueso
3 anchoas en aceite
1 huevo
2 cucharadas de harina
2 cucharadas de queso parmesano rallado
Pan rallado al gusto
Una cucharadita de aceite de oliva virgen extra
Ajo en polvo al gusto
Sal fina al gusto

Procedimiento

Machaca la coliflor hervida con un tenedor, pica las aceitunas y las anchoas y añádelas al puré de coliflor.

Añade el huevo, el ajo en polvo, una pizca de sal, el queso parmesano y la harina. Mezcla bien todos los ingredientes y forma bolas con las manos.

Pásalas por pan rallado y colócalas en la cesta. Rocía unas gotas de aceite con un pulverizador o spray de aceite.

Cocina las albóndigas durante unos 15 minutos a 180°, dándoles la vuelta a mitad de cocción.

Vigila el tiempo de cocción porque varía según el modelo de la freidora de aire.

¡Que aproveche!

Guarnición de Verduras

ROSTI DE PATATA

TIEMPO DE PREPARACIÓN
5 Minutos

TEMPO DI COCCION
10 Minutos

PORCIONES
2 Personas

VALORES NUTRICIONALES POR RACIÓN
132 kcal
27 g carbohidratos
3 g proteínas
1 g grasa

Ingredientes

3 patatas grandes
Sal fina al gusto
Cebollino al gusto
Pimienta negra al gusto

Procedimiento

Pela las patatas y córtalas en juliana con un rallador de agujeros grandes.

A continuación, aliña con una pizca de aceite de oliva, sal, pimienta y cebollino picado.

Remueve bien para mezclar todos los ingredientes y, a continuación, utiliza un cortapastas de unos 6-8 cm para crear los rostì sobre papel de horno.

Coloca los rostì sin superponerlos en una freidora de aire y cocínalos a 200° durante unos 10 minutos.

Si es necesario, prolonga la cocción unos minutos más. Puedes servirlos calientes o fríos según tus preferencias.

¡Que aproveche!

Guarnición de Verduras

BROCHETAS DE VERDURAS MIXTAS

TIEMPO DE PREPARACIÓN
10 Minutos

TEMPO DI COCCION
12 Minutos

PORCIONES
2 Personas

VALORES NUTRICIONALES POR RACIÓN
147 kcal
16 g carbohidratos
3 g proteínas
6 g grasa

Ingredientes

2 Calabacines
10 tomates cherry
1 pimiento morrón
1 patata
Sal fina al gusto
Ajo/cebolla en polvo al gusto
Aceite de oliva virgen extra al gusto

Nota:
Necesitarás pinchos de madera o acero

Procedimiento

Lava y pela la patata, después lava los tomates cherry, los calabacines y el pimiento.

Corta todas las verduras en trozos no demasiado gruesos y sazónalas en un bol con aceite de oliva, sal y ajo/cebolla en polvo.

Mezcla bien para sazonarlas uniformemente.

A continuación, ensarta las brochetas de madera o acero, alternando las verduras entre sí hasta acabar con todos los ingredientes.

Coloca las brochetas en la freidora de aire precalentada y cocínalas a 180° durante unos 12 minutos.

Puedes sustituir o añadir otras verduras a su gusto.

¡Que aproveche!

Guarnición de Verduras

Champiñones empanados y fritos

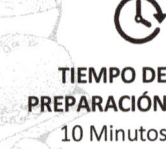
TIEMPO DE PREPARACIÓN
10 Minutos

TEMPO DI COCCION
8 Minutos

PORCIONES
3 Personas

VALORES NUTRICIONALES POR RACIÓN
376 kcal
43 g carbohidratos
21 g proteínas
12 g grasa

Ingredientes

*600 g de setas Pleurotus (o la calidad que prefiera)
3 huevos
120 g de pan rallado
75 g de queso parmesano rallado
Hierbas aromáticas al gusto
Aceite de oliva virgen extra al gusto
Sal fina al gusto*

Procedimiento

Quita los tallos y limpia suavemente los champiñones con un paño húmedo y un cepillo de limpieza adecuado.

A continuación, pásalos por los huevos batidos y después por la mezcla de pan rallado, queso parmesano rallado, hierbas picadas y una pizca de sal.

Si lo prefieres, puede repetir el mismo paso para un segundo rebozado de pan rallado.

A continuación, coloca los champiñones en la cesta y úntalos con unas gotas de aceite evo.

Hornéalos durante unos 8 minutos a 200°, dándoles la vuelta a la mitad.

Disfrútalos calientes y crujientes.

¡Que aproveche!

Guarnición de Verduras

CHIPS DE CALABACÍN

TIEMPO DE PREPARACIÓN
5 Minutos

TEMPO DI COCCION
5 Minutos

PORCIONES
3 Personas

VALORES NUTRICIONALES POR RACIÓN
42 kcal
1 g carbohidratos
1 g proteínas
3 g grasa

Ingredientes

3 calabacines
Sal fina al gusto
Aceite de oliva virgen extra al gusto
Pimienta negra al gusto

Nota:
Necesitarás pinchos de madera o acero

Procedimiento

Lava los calabacines y quítales los extremos, con ayuda de una mandolina, córtalos en rodajas finas de unos milímetros.

Una vez cortados, alíñalos con aceite de oliva y una pizca de sal, y ensartarlos en las brochetas, dejando un poco de espacio entre cada rodaja.

Colócalas en la freidora de aire sin superponerlas y cocínalas a 200° durante unos 5 minutos hasta que se doren.

Si es necesario, prolonga la cocción unos minutos más.

Los chips de calabacín son perfectos para tomar como aperitivo o como acompañamiento de un plato principal.

¡Que aproveche!

Guarnición de Verduras

PALITOS DE VERDURAS FRITAS

TIEMPO DE PREPARACIÓN
10 Minutos

TEMPO DI COCCION
6 Minutos

PORCIONES
2 Personas

VALORES NUTRICIONALES POR RACIÓN
78 kcal
7 g carbohidratos
6 g proteínas
3 g grasa

Ingredientes

1 calabacín
1 zanahoria
1 berenjena
1 huevo
Harina al gusto
Sal fina al gusto
Aceite de oliva virgen extra al gusto

Procedimiento

Lava y limpia las verduras, córtalas longitudinalmente en bastones de hasta medio centímetro de grosor.

Pásalas por huevo batido y luego por harina.

Colócalas en la freidora de aire sin superponerlas demasiado y rocíalas unas gotas de aceite evo con un pulverizador o utilizando aceite en spray.

Cuece a 200° durante unos minutos.
Echa sal antes de servir.

Los palitos de verduras también se pueden utilizar para acompañar un segundo plato.

Puedes sustituir las verduras por lo que más te guste.

¡Que aproveche!

Guarnición de Verduras

Tomates gratinados con hierbas

TIEMPO DE PREPARACIÓN
10 Minutos

TEMPO DI COCCION
6 Minutos

PORCIONES
3 Personas

VALORES NUTRICIONALES POR RACIÓN
157 kcal
27 g carbohidratos
4 g proteínas
4 g grasa

Ingredientes

3 tomates redondos
100 g de pan rallado
2 cucharaditas de aceite de oliva virgen extra
Hierbas aromáticas (perejil, albahaca, menta, tomillo) al gusto
Sal fina al gusto

Procedimiento

Lava bien los tomates, quítales el pedúnculo y sécalos. Córtalos horizontalmente en dos partes iguales y ahuécalos retirando toda la pulpa.

Sécalos con papel absorbente y colócalos boca abajo sobre una tabla de cortar para eliminar el exceso de agua de vegetación. Ahora prepara el pan rallado de hierbas:

Pica finamente tus hierbas favoritas y añádelas al pan rallado con una pizca de sal y mezcla todo. Rellena los tomates con el pan rallado y rocía unas gotas de aceite.

Después de colocar los tomates en la cesta de la freidora de aire, enciéndela y cocínalos durante 6 minutos a 200° hasta que estén completamente gratinados.

Si prefieres un gratinado más crujiente y dorado, déjalos cocer unos minutos más.

¡Que aproveche!

Guarnición de Verduras

Dados de berenjena con tomates cherry y cebolla tropea

TIEMPO DE PREPARACIÓN
10 Minutos

TEMPO DI COCCION
14 Minutos

PORCIONES
2 Personas

VALORES NUTRICIONALES POR RACIÓN
73 kcal
8 g carbohidratos
2 g proteínas
3 g grasa

Ingredientes

1 berenjena
5 tomates cherry
1/2 cebolla roja Tropea
2 hojas de albahaca
Pan rallado al gusto
Queso parmesano rallado al gusto
Aceite de oliva virgen extra al gusto
Sal fina al gusto

Procedimiento

Lava la berenjena, quítale los dos extremos y córtala en dados de 1 cm aproximadamente. Lava los tomates cherry y córtalos en 4. A continuación, coge la cebolla y córtala en rodajas finas.

Pon todo en un bol y alílalo con 2 cucharaditas de aceite y una pizca de sal.

En otro bol, mezcla el queso parmesano rallado, el pan rallado y las hojas de albahaca picadas.

Forra la cesta con papel de horno y coloca en ella las verduras sin solaparlas demasiado. A continuación, espolvorea la superficie con el pan rallado de parmesano.

Rocia unas gotas de aceite y hornea durante 12 minutos a 200° sin remover.

¡Que aproveche!

Guarnición de Verduras

PATATAS FRITAS

TIEMPO DE PREPARACIÓN
5 Minutos

TEMPO DI COCCION
10 Minutos

PORCIONES
3 Personas

VALORES NUTRICIONALES POR RACIÓN
176 kcal
30 g carbohidratos
3 g proteínas
5 g grasa

Ingredientes

5 patatas medianas
2 cucharaditas de aceite de oliva virgen extra
Hierbas aromáticas al gusto
Sal fina al gusto

Procedimiento

Pela las patatas y córtalas en rodajas de 2 mm de grosor. Pon las patatas en remojo y déjalas unos 10-15 minutos para que suelten el almidón y queden más crujientes (puedes saltarte este paso si lo deseas).

Escurre bien las patatas y alíñalas con el aceite de oliva, sal fina y hierbas picadas a su gusto.

Mezcla con las manos para sazonar todas las patatas por igual y distribuir el condimento.

Engrasa la cesta de tu freidora con aceite de oliva y coloca las patatas sin solaparlas demasiado.

Cocina durante 8-10 minutos a 200°, removiendo de vez en cuando.

¡Que aproveche!

Guarnición de Verduras

PIMIENTOS ASADOS

TIEMPO DE PREPARACIÓN
5 Minutos

TEMPO DI COCCION
20 Minutos

PORCIONES
2 Personas

VALORES NUTRICIONALES POR RACIÓN
116 kcal
19 g carbohidratos
3 g proteínas
3 g grasa

Ingredientes

3 pimientos
Sal fina al gusto
Perejil al gusto
Aceite de oliva virgen extra al gusto

Procedimiento

Lava bien los pimientos y sécalos con papel absorbente. Unta los pimientos con aceite de oliva por todos los lados y colócalos en la cesta de la freidora de aire.

Cocina durante 18-20 minutos a 200°, dándoles la vuelta un par de veces.

Te darás cuenta de que están listos cuando los toques y estén blandos.

En este punto, los pimientos asados están listos para pelarlos, quítales los tallos y las semillas y alíñalos con aceite, sal y perejil picado.

Un método para pelar los pimientos rápidamente es meterlos aún calientes en bolsas de congelación, y en 5 minutos la piel se desprenderá inmediatamente.

¡Que aproveche!

Postres

Tarta de manzana y yogur griego

TIEMPO DE PREPARACIÓN
15 Minutos

TEMPO DI COCCION
20 Minutos

PORCIONES
Sartèn de 10 cm

VALORES NUTRICIONALES POR RACIÓN
1031 kcal
163 g carbohidratos
19 g proteínas
35 g grasa

Ingredientes

1 huevo
40 g azúcar
15 ml leche
50 g yogur griego
25 ml aceite de semillas
15 g fécula de patata
75 g harina
1/2 sobre de levadura en polvo

Procedimiento

Bate el huevo entero con el azúcar utilizando una batidora eléctrica hasta que esté espumoso y suave.

A continuación, añade el yogur griego y mezcla, después vierte la leche y el aceite de semillas y sigue mezclando hasta que se incorporen.

Por último, añade la harina tamizada, la fécula de patata también tamizada y la levadura en polvo, incorporando con el batidor hasta que la mezcla esté suave y bien mezclada.

Forra un molde de 10 cm con papel de horno y vierte la mezcla en su interior. Pela las manzanas y córtalas en rodajas. Colócalas sobre la masa y espolvorea la superficie con azúcar glas.

Coloca el molde en el cestillo y hornea durante unos 20 minutos a 160° (si se dispone de él, utilizar el programa para tartas).

¡Que aproveche!

Postres

Castañas en freidora de aire

TIEMPO DE PREPARACIÓN
10 Minutos

TEMPO DI COCCION
15 Minutos

PORCIONES
100g de castañas

VALORES NUTRICIONALES POR RACIÓN
189 kcal
51 g carbohidratos
3 g proteínas
2 g grasa

Ingredientes

Solo necesitará castañas para esta receta, así que tú decides la cantidad a preparar.

Los valores nutricionales se basan en 100g de castañas

Procedimiento

Comprueba las castañas y desecha las que tengan agujeros y las que se hayan estropeado. A continuación, corta con un cuchillo en la superficie de las castañas por el lado redondeado, es decir, el lado "hinchado", haciendo una cruz que servirá para abrirlas durante la cocción.

Coloca las castañas en la freidora de aire. Es importante que el lado cortado quede hacia arriba. Cuece durante unos 15-20 minutos a 180°.

Si es necesario, prolonga el tiempo de cocción unos minutos más.

Un consejo para facilitar el pelado es envolver las castañas recién cocidas en un paño limpio o dejarlas en la cesta ligeramente abiertas.

Los tiempos de cocción pueden variar ligeramente según el modelo de la freidora de aire y el tamaño de las castañas.

¡Que aproveche!

Postres

Peras cocidas con pasas sultanas, sirope de arce y canela

TIEMPO DE PREPARACIÓN
5 Minutos

TEMPO DI COCCION
18 Minutos

PORCIONES
2 Personas

VALORES NUTRICIONALES POR GALLETTA
150 kcal
28 g carbohidratos
2 g proteínas
2 g grasa

Ingredientes

2 peras maduras
2 cucharadas de sirope de arce
15 g de pasas sultanas
10 g de piñones
Canela en polvo al gusto
1/3 vaso de agua

Procedimiento

Lava las peras, córtalas por la mitad dejando la piel y quitando los rabitos superior e inferior. Cava con una cuchara para sacar la parte central con las semillas.
Mientras tanto, remoja las pasas sultanas en agua para ablandarlas.

En una bandeja de horno que quepa en la cesta de la freidora, coloca las peras con la piel hacia abajo y vierte en ella 1/3 de taza de agua para que no se queme el sirope de arce.

A continuación, espolvorea canela sobre las peras y vierte también el sirope de arce. Enciende el fuego y hornea durante 10 minutos a 200°C.

A continuación, saca la bandeja del horno, añade después las pasas sultanas exprimidas y los piñones a las peras para evitar que se quemen.

A continuación, hornea durante 8 minutos más, comprobando que la pera esté cocida con un palillo de madera.

¡Que aproveche!

Postres

BIZCOCHO DE YOGUR

TIEMPO DE PREPARACIÓN
10 Minutos

TEMPO DI COCCION
30 Minutos

PORCIONES
Tarta entera

VALORES NUTRICIONALES TOTALES
1506 kcal
255 g carbohidratos
37 g proteínas
36 g grasa

Ingredientes

250 g harina
75 g azúcar
1 huevo
75 g de yogur natural
30 ml aceite de semillas
1/2 sobre de levadura en polvo
Azúcar glas al gusto
Cáscara de limón

Procedimiento

Mezcla el huevo, el azúcar y el yogur en un bol con un batidor de varillas.

A continuación, añade la ralladura de limón, el aceite de semillas, la levadura en polvo y la harina tamizada y mezcla hasta que todos los ingredientes estén bien combinados.

Después vierte la mezcla en un molde cubierto con papel de horno del tamaño adecuado para tu freidora de aire.

Cocina durante los primeros 15 minutos a 175° (freidora precalentada) y, a continuación, haz un corte en cruz en la superficie para evitar que siga hinchándose y cocinándose por dentro.

Continúa la cocción durante otros 20 minutos aproximadamente hasta que esté bien cocido. Utiliza un palillo de madera para comprobar la cocción interna.
Si es necesario, hornea unos minutos más.

¡Que aproveche!

Postres

GALLETAS CON PEPITAS DE CHOCOLATE

TIEMPO DE PREPARACIÓN
15 Minutos

TEMPO DI COCCION
10 Minutos

PORCIONES
15 Galletas

VALORES NUTRICIONALES POR RAVIOLI
76 kcal
8 g carbohidratos
1 g proteínas
4 g grasa

Ingredientes

50 g de mantequilla
125 g de harina
1 huevo
20 g de azúcar
40 g de pepitas de chocolate
4 g de levadura en polvo

Procedimiento

Coloca en un bol la mantequilla cortada a temperatura ambiente, la harina, el huevo, las pepitas de chocolate, el azúcar y la levadura en polvo. Amasa a mano o con la batidora planetaria hasta que la masa esté bien mezclada y lisa.

A continuación, forma bolas con trozos de masa presionándolas ligeramente. Por último, forra la cesta con papel de horno y coloca en ella las galletas sin superponerlas.

Hornea a 180° durante unos 10 minutos, vigilándolas porque dependiendo del tamaño de las galletas y del modelo de la freidora de aire, el tiempo de horneado puede variar ligeramente unos minutos.

Puedes disfrutar de las galletas tanto para desayunar como para merendar.

¡Que aproveche!

Postres

Manzanas cocidas y caramelizadas

TIEMPO DE PREPARACIÓN
5 Minutos

TEMPO DI COCCION
20 Minutos

PORCIONES
3 Personas

VALORES NUTRICIONALES POR BUÑUELO
78 kcal
20 g carbohidratos
0 g proteínas
0 g grasa

Ingredientes

3 manzanas
Azúcar moreno al gusto
Canela en polvo (opcional)

Procedimiento

Lava bien las manzanas y quítales el rabito con un descorazonador.

A continuación, dejándolas aún húmedas, reboza con azúcar moreno y canela en polvo.

Colócalas en la bandeja del horno con papel de hornear y hornea a 170° durante unos 20 minutos. Vigílalas para evitar que se quemen.

La primera vez tendrás que vigilarlas porque el tiempo de cocción varía mucho según la calidad de las manzanas, su sazón y el modelo de la freidora de aire.

Si quieres, puedes quitarles la piel pelándolas antes de rebozarlas en azúcar.

¡Que aproveche!

Postres

MAGDALENAS RELLENAS DE CREMA DE AVELLANAS

TIEMPO DE PREPARACIÓN
10 Minutos

TEMPO DI COCCION
15 Minutos

PORCIONES
4 Magdalenas

VALORES NUTRICIONALES POR RACIÓN
158 kcal
20 g carbohidratos
4 g proteínas
6 g grasa

Ingredientes

75 g harina
25 g azúcar
25 g mantequilla
50 ml leche
1/4 sobre de levadura en polvo
1 huevo (pequeño)
1 pizca de sal fina

Procedimiento

Mezcla en un bol el huevo, la leche y la mantequilla derretida. En otro el azúcar, una pizca de sal, la harina tamizada y la levadura en polvo.

A continuación, añade las dos mezclas poco a poco y bate hasta obtener una mezcla homogénea.

Vierte una parte de la mezcla en moldes de papel para magdalenas, añade una cucharadita de crema de avellanas y, a continuación, echa la otra mezcla para cubrirlas.

Colócalos en una freidora precalentada a 165° y hornea durante 15 minutos.

Puedes sustituir la crema de avellanas por crema de pistacho, mermelada o lo que prefieras.

¡Que aproveche!

Postres

GALLETAS INTEGRALES

TIEMPO DE PREPARACIÓN
15 Minutos

TEMPO DI COCCION
11 Minutos

PORCIONES
20 Galletas

VALORES NUTRICIONALES POR RACIÓN
68 kcal
8 g carbohidratos
1 g proteínas
3 g grasa

Ingredientes

150 g harina integral
65 g azúcar moreno (o azúcar normal si lo prefieres)
65 g de mantequilla
2 yemas de huevo
1 sobre de vainilla
1 pizca de sal fina

Procedimiento

Amasa todos los ingredientes con una batidora planetaria o a mano hasta obtener una masa lisa y homogénea.

A continuación, extiende con un rodillo sobre una superficie de trabajo enharinada y, con ayuda de cortapastas o moldes de repostería, forma galletas de medio centímetro de grosor.

Espolvorea la superficie de las galletas con azúcar y colocarlas en el cestillo.

Hornea a 160° durante unos 11 minutos (el tiempo varía según el modelo de la freidora de aire).

Para una versión diferente y aún más sabrosa, una vez horneadas, puedes untarles un poco de mermelada por la parte de atrás y emparejarlas.

¡Que aproveche!

Postres

Tortitas con pasas sultanas

TIEMPO DE PREPARACIÓN
5 Minutos

TEMPO DI COCCION
8 Minutos

PORCIONES
5 Personas

VALORES NUTRICIONALES POR RACIÓN
306 kcal
59 g carbohidratos
10 g proteínas
4 g grasa

Ingredientes

3 huevos
50 g pasas
250 ml leche
200 g harina
100 g azúcar
1 pizca de sal fina
Cáscara de 1/2 limón

Procedimiento

En un bol, mezcla la harina con la leche, vertiéndola poco a poco hasta obtener una masa sin grumos y homogénea.

A continuación, añade la ralladura de limón, una pizca de sal, las pasas sultanas ablandadas en agua y bien exprimidas. Por último, añade los huevos, incorporándolos de uno en uno.

Mezcla con un batidor de varillas hasta que todos los ingredientes estén integrados. Deberás obtener una masa espesa.

Puede que solo necesite 2 huevos, por lo que puede decidir si añadir o no el tercero.

Coloca los buñuelos en una cesta con papel de horno y hornéalos a 200° durante unos 8 minutos, dándoles la vuelta a la mitad.

Si es la primera vez que los preparas, vigila el tiempo de cocción para evitar que se quemen, así poco a poco irás entendiendo mejor el tiempo de tu freidora de aire.

¡Que aproveche!

Postres

TRIÁNGULOS DE MASA FILO DE DOBLE CHOCOLATE

TIEMPO DE PREPARACIÓN
5 Minutos

TEMPO DI COCCION
15 Minutos

PORCIONES
2 Personas

VALORES NUTRICIONALES POR RACIÓN
96 kcal
13 g carbohidratos
2 g proteínas
4 g grasa

Ingredientes

3 hojas de pasta filo
1 cucharada de copos de chocolate blanco
1 cucharada de copos de chocolate
Aceite de semillas al gusto
Azúcar glas al gusto

Procedimiento

Superpon 3 hojas de pasta filo, pincelándolas de una en una con aceite de semillas o agua si lo prefieres.

Córtalas en 2 partes iguales a lo largo. En la base coloca las pepitas de chocolate normal y blanco una encima de la otra.

A continuación, dobla la base en forma de triángulo y continúa hasta cerrar el paquete.

Pincela la superficie con aceite de semillas y cubre con azúcar glas. Hornea durante 15 minutos a 180°.

Disfrútalos calientes para un excelente postre relleno de chocolate.

Perfectos para el desayuno, como tentempié o al final de una comida.

¡Que aproveche!

Postres

Tarta ligera de chocolate

TIEMPO DE PREPARACIÓN
5 Minutos

TEMPO DI COCCION
30 Minutos

PORCIONES
Tarta entera

VALORES NUTRICIONALES TOTALES
1937 kcal
324 g carbohidratos
30 g proteínas
57 g grasa

Ingredientes

200 g de harina
40 g de cacao amargo
160 g de azúcar
20 g de almidón
260 ml agua
50 ml aceite de semillas
1 sobre de levadura química
1 sobre de vainillina
Azúcar glas al gusto

Procedimiento

Con un batidor eléctrico o una batidora planetaria, mezcla bien todos los ingredientes, teniendo cuidado de tamizar la harina para evitar grumos.

Engrasa un molde de 22 cm y verte en él la mezcla.

Precalienta la freidora a 180° y hornea el pastel durante unos 30 minutos.

El tiempo de horneado puede variar según el modelo de freidora, así que comprueba de vez en cuando la cocción con un palillo de madera para evitar que se cocine demasiado.

Deja enfriar antes de desmoldar y sírvelo cubierto de azúcar glas.

¡Que aproveche!

Postres

GALLETAS DE AGUA INTEGRALES

TIEMPO DE PREPARACIÓN
40 Minutos

TEMPO DI COCCION
20 Minutos

PORCIONES
10 Galletas

VALORES NUTRICIONALES POR RACIÓN
117 kcal
18 g carbohidratos
2 g proteínas
4 g grasa

Ingredientes

200 g harina integral
40 g azúcar (normal o moreno)
40 ml aceite de semillas
40 ml de agua
1 cucharadita de levadura en polvo
Cáscara de limón al gusto

Procedimiento

Primero mezcla el agua con el aceite y el azúcar, luego añade la harina tamizada, la levadura en polvo y una ralladura de cáscara de limón.

Mezcla bien y deja reposar en la nevera durante 30 minutos.

A continuación, extiénde la masa con un rodillo en forma de "serpiente" hasta obtener un grosor de 2 cm.

Divídela en trozos más pequeños y dales forma de taralli. Pásalos por azúcar y colócalos en la cesta.

Hornea durante 20 minutos a 180° controlando de vez en cuando para evitar que se quemen.

Estas galletas son muy ligeras, ya que no contienen mantequilla ni huevo.
También son perfectas para un estilo de vida vegano y vegetariano.

¡Que aproveche!

CONCLUSIÓN

Muchas gracias por leer hasta aquí.
Espero de verdad que haya disfrutado del libro de cocina en color y que le haya gustado la elección de producirlo en color, cosa que nadie hace debido a los elevados costes de impresión.
Junto con mi equipo decidimos hacer caso omiso de esto y favorecer al cliente dándole exactamente lo que quiere, ya que lo que faltaba en la biblioteca de Amazon era un libro de cocina para freidoras de aire a todo color.

Además, como has podido comprobar, este libro de cocina es completamente diferente a los que puedes encontrar en Amazon.
Tiene una plantilla/estructura mucho mejor y para cada receta hay una foto a todo color, cosa que falta en todas las demás.

En la página siguiente he creado un índice por orden alfabético para que puedas encontrar las recetas más rápidamente en caso de que quieras repetirlas.

Dejar una reseña en amazon

Espero de verdad que todo esto haya añadido valor a mi libro, y le ruego que escriba una reseña en Amazon sobre mi trabajo y el de mi equipo, le estaríamos enormemente agradecidos.

Te adjunto a continuación un código QR que puedes escanear con la cámara de tu móvil, para que te lleve directamente a la página de amazon para dejar tu reseña.

RECETAS POR ORDEN ALFABÉTICO

A

ALBÓNDIGAS DE ATÚN	46
ALBONDIGAS DE COLIFLOR	50

B

BACALAO EMPANADO Y FRITO	44
BERENJENAS EN ACORDEON CON TOMATE, QUESO Y JAMÓN	30
BIZCOCHO DE YOGUR	63
BOCADITOS DE MOZZARELLA FRITTA	18
BOCADITOS DE PEZ ESPADA GRATINADOS	38
BROCHETAS DE PEZ ESPADA Y CALABACÍN	41
BROCHETAS DE SALMÓN CALABACÍN Y TOMATES CHERRY	40
BROCHETAS DE VERDURAS MIXTAS	52

C

CALABAZA FRITA	49
CASTAÑAS EN FREIDORA DE AIRE	61
CHAMPIÑONES EMPANADOS Y FRITOS	53
CHAMPIÑONES PORTOBELLO GRATINADOS	14
CHIPS DE CALABACÍN	54
CHULETAS CON SALSA BARBACOA	32
CHULETAS DE CALABAZA	15
CHULETAS RELLENAS DE JAMÓN COCIDO Y QUESO	33
CROQUETAS DE ARROZ RELLENAS	19
CROQUETAS DE CALABACÍN Y PATATA RELLENAS DE ATÚN	42

D

DADOS DE BERENJENA CON TOMATES CHERRY Y CEBOLLA TROPEA	57
DADOS DE QUESO FETA AL ESTILO MEDITERRÁNEO	31

F

FLANES DE PATATA, JAMÓN Y QUESO SCAMORZA	29

G

GACHAS DE GARBANZOS 12
GALLETAS CON PEPITAS DE CHOCOLATE 64
GALLETAS DE AGUA INTEGRALES 71
GALLETAS INTEGRALES 67
GALLO ASADO EN FREIDORA DE AIRE 35
GAMBAS FRITAS CON SAL Y PIMIENTA 37
GARBANZOS CRUJIENTES CON PIMENTÓN Y ROMERO 16

H

HAMBURGUESA DE PORTOBELLO CHAMPIÑONES 34
HOJALDRE CON SALSICHAS 13
HOJALDRE DE ESPINACAS Y RICOTTA 24

L

LASAÑA DE CALABAZA Y SALSICHA 28
LUBINA AL HORNO 43

M

MAGDALENAS RELLENAS DE CREMA DE AVELLANAS 66
MANZANAS COCIDAS Y CARAMELIZADAS 65
MEDIA LUNA DE CARNE RELLENA 27

N

NUBE DE HUEVO 17
NUGGETS DE BACALAO FRITO 47

P

PALITOS DE VERDURAS FRITAS 55
PANECILLOS RÚSTICOS CON JAMÓN Y MOZZARELLA 21
PASTEL DE ESPINACAS Y PATATAS 48
PATATAS FRITAS 58
PERAS COCIDAS CON PASAS SULTANAS, SIROPE DE ARCE Y CANELA 62
PIMIENTOS ASADOS 59
PIMIENTOS RELLENOS DE CARNE PICADA 36
PIZZAS DE BERENJENA 25

R

ROLLO DE BACON, CHAMPIÑONES Y QUESO FONTINA 20
ROSTI DE PATATA 51

S

SALMÓN CON COSTRA DE PISTACHOS 39
SEPIA GRATINADA CON LIMÓN 45

T

TARTA DE MANZANA Y YOGUR GRIEGO... 60
TARTA LIGERA DE CHOCOLATE 70
TIRAS DE POLLO CON COPOS DE MAIZ 26
TOMATES GRATINADOS CON HIERBAS 56
TOMATES RELLENOS DE HUEVO 23
TORTITAS CON PASAS SULTANAS 68
TRIÁNGULOS DE MASA FILO DE DOBLE CHOCOLATE 69